G. DELONCHAMPS

LA

VINGTIÈME ANNÉE

Ballades & Chansons

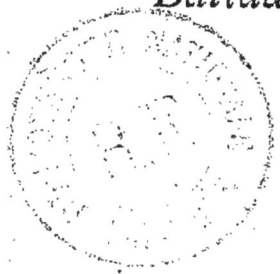

La jeunesse est si aimable
qu'il faudrait l'adorer.
(Mme DE SÉVIGNÉ).

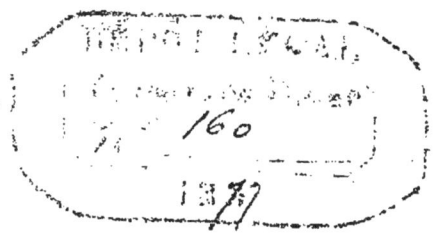

MARSEILLE

TYPOGRAPHIE MARIUS OLIVE
RUE SAINTE, 39

1877

LA

VINGTIÈME ANNÉE

G. DELONCHAMPS

LA

VINGTIÈME ANNÉE

Ballades & Chansons

La jeunesse est si aimable
qu'il faudrait l'adorer.
(Mme DE SÉVIGNÉ).

MARSEILLE

TYPOGRAPHIE MARIUS OLIVE
RUE SAINTE, 39

1877

A Mademoiselle E... de T***

A SAINT-PÉTERSBOURG.

MADEMOISELLE,

En souvenir de votre voyage en France et de notre rencontre dans les Pyrénées, vous me demandez de vous signaler, pour en faire votre lecture, les livres nouvellement publiés chez nous. C'est là une tâche plus difficile que vous ne pouviez le prévoir. Où trouver, en effet, dans la littérature actuelle, une œuvre capable d'étancher votre soif de poésie, pour vous qui conservez pendant des

*années les violettes cueillies sur la terre de Fran-
ce? Où trouver enfin, aujourd'hui où le réalisme
a tout envahi, un livre en harmonie avec l'éléva-
tion de votre esprit, non moins fait pour com-
prendre que pour inspirer les beaux sentiments?
Ceux qui gardent encore le culte de l'idéal et des
choses délicates (et certes le nombre en est bien
limité!) se réfugient volontiers, de nos jours, dans
l'étude des littératures disparues ou des œuvres
d'un autre âge.* Les Chants héroïques et chansons populaires dès Slaves de Bohême, *tra-
duits par M. Louis Léger, sont, sous ce rapport,
une des meilleures publications qui aient paru
depuis longtemps. Je ne résiste pas au désir de
vous adresser quelques extraits de ce livre sa-
voureux et original, dont votre connaissance
de la langue française vous permettra d'apprécier
tout le charme de la traduction. Une perle du*

recueil est, sans contredit, la chanson du Gars
bien éduqué :

« *Un jeune paysan faisait paître des chevaux ;
le sommeil l'a surpris et ses chevaux sont entrés
en bondissant dans les seigles. Son maître accourt
et l'injurie : — Que fais-tu, coquin, que fais-tu ?
Tes chevaux sont dans mes seigles. — Je ne suis
pas un coquin ; je suis le fils d'une honnête mère.
Si quelqu'autre que vous me traitait ainsi je l'ar-
rangerais bien. J'ai servi sept ans chez vous, et je
n'ai rien perdu, si ce n'est une cheville et je vous
l'ai payée. J'ai servi sept ans chez vous, et je
ne vous ai rien volé, si ce n'est un petit fromage,
et je suis tombé en le prenant. J'ai servi sept ans
chez vous et vous ne m'avez rien donné, si ce n'est
une vieille chemise, et encore avez-vous pleuré en
me la donnant. Je suis un gars bien éduqué. Per-*

sonne n'a rien à dire sur moi, si ce n'est peut-être votre Betulinska : mais ce n'est pas elle qui dirait rien. Elle le voudrait qu'elle ne pourrait pas : car c'est elle qui m'a conduit au jardin cueillir des roses. »

N'est-ce pas qu'il y a dans la riposte finale du jeune pâtre comme un ressouvenir de la manière dont les anciens Parthes lançaient le trait?

Cependant, de même que dans les lieder allemands, la note gaie est assez rare dans les chants bohémiens : la mélancolie et la rêverie les remplissent presque tout entiers : — « Ah! étoile! pâle étoile! dit, pendant une claire nuit d'été, un amant en larmes, si tu connaissais l'amour, si tu avais un cœur, ma douce étoile! tu pleurerais des étincelles ! »

Et cet autre chant de l'amant heureux :

« *Il n'y a pas au ciel autant d'étoiles que mon
amie m'a donné de baisers : il n'y a pas, il n'y
aura pas, tant que le monde sera monde, autant
d'étoiles !* »

*Une jolie chanson, où le rire vient scintiller avec
les larmes, est la* Cruche cassée.

« *La jeune fille allait chercher de l'eau ; elle
avait une cruche neuve. Le seigneur la rencontre
et lui casse sa cruche. La jeune fille se désole ; elle
pleure, elle réclame sa cruche :* « *Tout seigneur
que vous êtes, payez-moi ma cruche.* » — « *Tais-
toi, fillette ! ne pleure pas ; tu n'y perdras rien : je
te donnerai une robe.* » — *La jeune fille ne veut
pas de la robe ; elle réclame toujours sa cruche :*
« *Tout seigneur que vous êtes, payez-moi ma cru-*

che ! » — *Tais-toi, jeune fille ! ne pleure pas ; tu
ne perdras rien. Pour payer ta cruche cassée je te
donnerai un anneau.* » — La jeune fille ne veut
pas de l'anneau ; elle réclame toujours sa cruche :
« *Tout seigneur que vous êtes, payez-moi ma cruche !* » — « *Tais-toi, jeune fille ! ne pleure pas ! tu
ne perdras rien. Pour ta cruche cassée, moi-mé-
me je t'épouserai.* » — La jeune fille alors ne
demanda plus rien ; elle se réjouit : « *Pour une
cruche verte, dit-elle, j'ai obtenu un seigneur !* »

Mais les rencontres des seigneurs avec les
jeunes filles n'ont pas toutes un aussi heureux
dénoûment. Dans un autre conte, la jeune Slave
ne feint de se rendre à son tentateur que pour mieux
le confondre :

« — *Dis-moi, jeune fille, où dormirons-nous,
cette nuit ? demande l'enjôleur. — Là-bas, à l'om-*

bre du sapin qui s'élève au milieu de la prairie. —
Mais sur quoi, la belle, dormirons-nous ? — Le
duvet ondoyant du haut gazon sera notre molle
couche. — Dis-moi, jeune fille, qui nous abritera ?
— Le sombre dais de la nuit nous couvrira. — Et
qui nous réveillera à l'aurore ? — Le joyeux ga-
zouillis des oiseaux. — Et, quand nous nous
réveillerons au jour, avec quoi nous laverons-nous
les mains et le visage ? — Tu te laveras avec la
rosée fraîche et moi avec mes larmes amères. —
Mais avec quoi déjeunerons-nous, ma belle, avant
de nous séparer ? — Tu te nourriras de baies
sauvages et moi de ma honte ! »

A plus de dix-huit siècles de distance le trou-
vère bohémien s'est rencontré avec Théocrite : c'est
là en effet le sujet de l'Oarystis. Mais, aux deux
époques différentes, les héroïnes ont leur caractère

distinctif et bien tranché : tandis que, dans l'idylle

grecque, la bergère païenne écoute sans broncher

les paroles du satyre ; dans la chanson slave, au

contraire, la vierge effarouchée, croyant aper-

cevoir la corne du démon sur la tête du séducteur,

s'enfuit dans la forêt, en faisant de la main un

salutaire signe de croix.

Ces chants primitifs, nés près du pays que vous

habitez, et qui, dans leur légèreté, semblent dictés

par l'alouette, ont été pendant ces dernières années

une de mes lectures favorites et l'idée première

du recueil de ballades que je publie aujourd'hui.

Ces dernières ne sont évidemment qu'un essai.

Permettez-moi, Mademoiselle, de vous en offrir

humblement la dédicace. A défaut d'autre titre,

ce livre pourra avoir ainsi, sous le patronage de

votre nom et dans un avenir prochain, l'éclat

printánier et tout personnel de la vingtième année
qui est près d'éclore sur votre front. En atten-
dant, mon but sera atteint, si je suis parvenu à
donner à ces petits poèmes quelques-unes des déli-
catesses de votre cœur et des grâces de votre
esprit.

Votre dévoué,

G. DELONCHAMPS.

Marseille, le 16 juin 1877.

BALLADES & CHANSONS

I.

LE MAITRE DU LOGIS

— « Qui donc chuchote auprès de moi
« Et soupire dans ma chambrette ? »
Disait, un soir, avec émoi,
Marguerite dans sa retraite.

Dans l'ombre errait son œil profond...
Mais l'effroi gagnant tout son être,

L'enfant courut cacher son front
Dans les rideaux de la fenêtre.

— « A mon pouvoir ne cherche pas.
« Timide enfant, à te soustraire :
« Blottie ou non, tu m'entendras,
Dit une voix avec mystère ;

« J'entre, comme les feux follets,
« Malgré les verroux et les grilles :
« Je suis l'Amour... j'ai pour palais
« Le cœur ému des jeunes filles ! »

II.

LA ROBE BLANCHE

A MADAME PASCAL DE LAGATINERIE

— « De Mai c'est le premier dimanche,
« Pourquoi, disait Laure à sa sœur,
« Ne mets-tu pas ta robe blanche,
« Emblème des jours de bonheur ?... »
Hermance dit : — « Hector guerroie,
• Vengeant le pays offensé ;

« Je garde ma robe et ma joie
« Pour le retour du fiancé. »

L'été vint jaunir les campagnes ;
Au loin l'ennemi résistait.
Seule, de toutes ses compagnes,
Sans parure, Hermance restait.
— « Songes-y, ma sœur, reprit Laure,
« Août avant peu sera passé... »
Hermance dit : — « J'attends encore
« Le retour de mon fiancé. »

Un jour enfin, — c'était l'automne, —
Hector parut, le teint bruni...
— « Fraîche est ta robe, ta couronne ;
« Mais l'été, dit Laure, est fini. »
— « Qu'importe ? dit alors Hermance,
« Le cœur n'a pas d'instant fixé ;
« Et pour moi le printemps commence
« Le jour où vient mon fiancé !... »

III

LA SŒUR DES ROSES

—

I.

Un grand pré s'étendait devant le vieux manoir ;
   Non loin, des églantines
Levaient coquettement, pour mieux se faire voir,
   Leurs têtes purpurines.

Vers l'odorant massif, soudain, l'air triomphant,
   D'elle même jalouse,

Jeune fille à l'œil vif, au teint frais, une enfant
        Courut sur la pelouse.

Aux corolles de pourpre et d'or qui s'enlaçaient
        Alors, toute ravie,
Elle opposa son front, où s'épanouissaient
        Les roses de la vie !

Aux suaves parfums tandis qu'elle mêlait
        Son suave sourire,
Maint calice, effeuillé dans les airs, s'envolait
        Sur l'aile du zéphyre.

— « Pauvres fleurs ! dit l'enfant... de la tombe un matin
        « A peine vous sépare :
« Pour plaire vous n'avez qu'un printemps... le destin
        « Fut pour vous bien avare. »

— « N'en crois rien, répondit la rose avec douceur ;
        « Délicieux mystère,
« Notre sort, vois-tu bien, enfant ! est le meilleur
        « Des destins de la terre.

« Eh ! qu'importent les jours ? qu'importent les instants
    « Que l'heure fait éclore ?
« L'an pour tous, ici bas, n'a jamais qu'un printemps,
    « Et le jour qu'une aurore.

« Un peu plus tôt, un peu plus tard, tout se flétrit,
    « Tout s'effeuille, tout tombe :
« Ceux-là seuls sont heureux à qui le ciel sourit
    « Jusqu'au bord de la tombe !

« Le sort nous garde ainsi des ardeurs de l'été...
    « Et les plus belles choses,
« Gloire, plaisir, jeunesse, amour, grâce et beauté,
    Ont le destin des roses... »

À ces mots, suspendant un rêve commencé,
    L'enfant, moins attentive,
Pencha timidement son front, et, l'œil baissé,
    Disparut, fugitive...

II

Un jour passa, puis deux... une semaine, un mois,
          La saison printanière ;
Un matin, l'enfant vint de nouveau : — cette fois,
          Près d'elle était sa mère.

Elle était bien changée, hélas !... toujours empreint
          De grâce virginale,
Son doux front, comme un lys, s'inclinait, et son teint,
          Comme un lys, était pâle.

Ses yeux, aux cils dorés, au regard toujours pur.
          Au reflet plein de charme,
Se baissaient tristement, et, parfois, leur azur
          Se voilait d'une larme.

De la haie embaumée elle prit le chemin ;
          Au détour de l'allée,
De sa mère, en tremblant, elle saisit la main
          Et s'arrêta, troublée...

Des églantiers flétris gisait sur le gazon
    La dernière couronne :
L'enfant se rappela la rapide saison
    Que la fleur abandonne,

Et, levant vers le ciel ses regards languissants :
    — « Plus de roses, dit-elle :
« Comme elles, pour mourir aux jours de mon printemps,
    « Mère ! j'étais donc belle ?... »

IV.

LE PAPILLON DE NUIT

A MADEMOISELLE V. PRAUD

— « Le vent, redoublant ses efforts,
« De mon aile a meurtri les bords
« Aux épines de la charmille;
« La froidure accroît ma douleur :
« Pour cette nuit, à mon malheur
« Ouvre ta chambre, ô jeune fille !

« Ainsi que les jours, au printemps,
« Tu le sais, les soirs sont changeants.
« Ce matin l'aube était sereine :
« Le givre a durci le chemin;
« Si tu ne m'accueilles, demain
« Je serai gisant dans la plaine.

« En retour du gîte sacré,
« Sous ta lampe j'étalerai
« Ma robe, où la lumière ondule :
« Aucune perle, aucune fleur
« Ne surpasse, dans sa couleur,
• Le papillon du crépuscule.

« J'embellirai de mon éclat
« Ton labeur, ton art délicat;
« Et, sur le voile que tu brodes,
« Parmi les fils d'or et d'argent,
« Je ferai luire, en voltigeant,
« Des rubis et des émeraudes !

« D'un bruit aussi doux qu'un soupir,
« Je bercerai, sans le trahir,

« Ton sommeil au sein des dentelles ;
« Et, dans tes rêves gracieux,
« Tu croiras d'un ange des cieux
« Entendre frissonner les ailes !... »

Contre les vitraux s'ébattant,
Et, sous la bise, tremblotant
Sur la pierre de la fenêtre,
Un soir d'avril, loin du sillon,
Ainsi parlait un papillon
Que le matin avait vu naître.

— « Insecte ailé ! dans mon séjour,
« Combien durera ton amour ? »
Dit, s'approchant de la croisée,
La jeune fille, dont les yeux
Se cachaient sous les cils soyeux,
Devant son cœur la main posée...

— « Je demeurerai près de toi,
« Tant que l'ombre, imposant sa loi,
« Nous entourera de ses voiles ;
« Je resterai dans ton réduit

« Aussi longtemps, qu'aux cieux, la nuit
« Fera scintiller les étoiles ! »

— « Quoi ! demain tu me quitteras ? »
— « Oui, demain... mais tu me verras,
« A l'horizon quand le jour tremble,
« Sur l'herbe, à ces pâles moments,
« Faisant briller mes diamants,
« Avec la nuit partir ensemble. »

— « Ah ! je t'ai compris, papillon !
« Inconstance est toujours ton nom ;
« Demeure au dehors dans le givre.
« J'ouvrirai ma chambre et mon cœur
« A celui qui, pour mon bonheur,
« Près de moi promettra de vivre ! »

V.

LA FILLE DE L'HOTESSE

IMITÉ DE UHLAND

A l'auberge du bourg trois gars buvaient rasades.
La dépense payée, au moment de partir :
— « Hôtelière ! pourquoi, dirent les camarades,
« Ta fille ne vint-elle aujourd'hui nous servir ? »

— « Pourquoi ?... » reprit l'hôtesse alors, d'une voix sombre,
Et, du doigt, les guidant tous les trois loin du seuil,

Au fond du cabaret, elle montra dans l'ombre
Sa fille unique, hélas ! étendue au cercueil.

A l'avenir, l'aîné, songeant avec tristesse,
Dit : — « Pauvrette ! revis : je n'aimerais que toi. »
Du passé seulement épris, avec tendresse,
Le second dit : — « Enfant ! ton amour fut ma loi. »

Mais l'autre, — jeune cœur à peine à son aurore, —
Dit, en posant sa lèvre au front décoloré :
— « O toi que j'aimais tant ! ici je t'aime encore ,
« Jusqu'à mon dernier jour, Gretchen ! je t'aimerai !. .»

VI.

LE LAMPYRE

———

Par une fenêtre, où les cieux
Projetaient leur clarté première,
Un ver luisant suivait des yeux
Une jeune fille en prière.

Au fond du réduit virginal,
Devant une sainte statue,

Pâlissant au jour matinal,
Une lampe était suspendue.

— « Ver luisant ! qu'attend ton essor ?... »
Dit la jeune fille, étonnée,
Quand, devant la Madone d'or,
Sa prière fut terminée.

Le lampyre, au bord du logis,
Dit : — « Dans ta demeure sans voile
« En plongeant mes yeux, j'avais pris
« Ta veilleuse pour une étoile ! »

VII

LA FÊTE DE MARCELINE

—

MUSIQUE DE M. F. DE MOL

—

C'est le printemps : à sa façon,
Tout prend aux champs un air de fête ;
Chaque feuillage a sa chanson,
Chaque brin d'herbe sa fleurette.
Répandant partout ses clartés,
De rayons le ciel s'illumine :

Brille, soleil ! oiseaux, chantez !
C'est la fête de Marceline.

Des jeunes filles du canton
Marceline, que chacun vante,
Est la plus jolie, et, dit-on,
A l'église la plus fervente.
Mêlez votre bruit doux et clair
Aux murmures de la colline,
Cloches, sonnez ! sonnez dans l'air !
C'est la fête de Marceline.

Pour tous enfin, non seulement
Marceline, toujours aimable,
Est le minois le plus charmant,
Mais l'âme la plus charitable.
Vous ne serez pas oubliés,
Vous que la misère chagrine :
Séchez vos pleurs, pauvres ! riez ;
C'est la fête de Marceline !

VIII

LE CAVALIER

—

— « Votre chemin, mon cavalier,
« Est à gauche, dans la campagne. »
— « Merci, la fille du hallier !
« Au logis que Dieu t'accompagne ! »

Lui, fendant les airs comme un trait,
Disparut sous l'ombreuse voûte ; —
Elle, les yeux sur la forêt,
S'assit, rêveuse, sur la route...

IX

LE BRACONNIER

A MADAME DE VRIÈS-DEREINS

—

— « L'intelligence est dans tes yeux,
« L'adresse en ta main ouvrière,
« Au fourré le plus giboyeux
« Conduis-moi, belle chevrière. »

— « Que cela rien n'est moins certain,
Dit l'enfant, en mordant ses lèvres ;

« Au pâturage, le matin,
« Je ne sais que guider mes chèvres. »

— « Eh bien, parmi les églantiers,
« Sur la colline allons ensemble :
« Chemin faisant, des verts sentiers
« Tu me diras ce qu'il te semble. »

— « Ma mère me donna pour loi
« D'éviter les routes diverses :
« Je vais toujours droit devant moi ;
« J'ignore où mènent les traverses. »

— « A l'ombre alors asseyons-nous,
« Dans le thym et la citronnelle ;
« Quand le soleil monte, il est doux
« De converser sous la tonnelle. »

— « Paroles ne valent les chants :
« Quand on discourt souvent s'arrête
« L'ouvrage en main, et puis, aux champs,
« J'aime voir le ciel sur ma tête ! »

Dans le silence d'un grand bois,
Lui s'en fut ; — elle, la mutine,
Tournant un fuseau dans ses doigts,
En chantant gravit la colline...

X.

LES VACANCES DE L'ÉCOLIER

A MADEMOISELLE MARIE JULLIEN

L'été dernier, sur les terrasses
Du collège Saint-Augustin,
Edgard, à la fin de ses classes.
Recevait le prix de latin.
Au front du vainqueur, jeune tête
Où la grâce allait se poser,

Sa cousine, en ce jour de fête,
        Mit un baiser.

Au frère d'Edgard fiancée,
La cousine devait s'unir,
Et le bonheur de sa pensée
Dans ses yeux venait resplendir.
L'écolier à leur vive flamme
Laissa son regard s'embraser :
Il songea, seul avec son âme,
        A ce baiser.

Sans qu'on en devinât la cause,
D'Edgard, à quelque temps de là,
Pâlissait le visage rose.
L'homme de l'art qu'on appela
Ordonna jeux et promenade...
Qui pouvait, alors, supposer
Qu'un adolescent fut malade
        Pour un baiser ?

Quand la vérité fut connue,
Pour guérir il était trop tard.

De la chapelle revenue,
La cousine au chevet d'Edgard
Courut se pencher désolée ...
Mais l'enfant semblait reposer :
Son âme s'était envolée
      Dans un baiser !...

XI.

LA BELLE DE L'AMOUR

———

— « Je viens de loin et j'ai souci
« De voir mon amante fidèle,
« Mais j'ignore si c'est ici
« Qu'est le doux séjour de ma belle. »

— « Dans ton chemin, assurément,
« Tu t'égarais, fit la mignonne ;

3

« On ne me connaît pas d'amant,
« Et. d'ailleurs, je n'attends personne. »

— « Personne, dis-tu ?... désormais,
« Ah ! réponds mieux à ma demande ;
« Belle ! c'est toi que je cherchais :
« Je viens parfois sans qu'on m'attende ! »

XII.

LA PRUDE

———

— « Je suis l'Amour... Onde cruelle,
α La pluie a détrempé mon aile,
« Laisse-moi m'abriter chez toi. »
— « Je le voudrais, fit l'hypocrite,
« Mais ma demeure est si petite,
« Qu'il n'est de place que pour moi. »

— « Sous l'arceau de ta porte close,
« Laisse alors à ma tête rose
« Prendre le seuil pour oreiller. »
— « A tout passant, avant une heure,
« Tu compromettrais ma demeure :
« Plus loin, Amour, va sommeiller. »

— « Fille sans cœur et sans prestiges !
« Je pars, ainsi que tu l'exiges,
« Mais de moi tu te souviendras ;
« Avec dureté tu me chasses :
« A genoux, et demandant grâces,
« Un jour tu me rappelleras ! »

XIII.

AU CLAIR DE LUNE

———

Du romérage revenant,
Un soir, deux gars, au clair de lune,
A haute voix, en cheminant,
Se contaient leur bonne fortune.

L'aîné disait : — « Je n'ai manqué
« Pas une seule contredanse ;

« Chaque quadrille était marqué
« Par une tendre confidence.

« Tour-à-tour ainsi, dans mes bras,
« J'ai tenu Rose et Mathurine ;
« Que de baisers, sans embarras,
« J'ai dérobés à Catherine ! »

Le second dit : — « Je n'ai dansé
« Qu'avec Suzon, ma bien aimée ;
« Sur mon cœur, longtemps, j'ai pressé
« Sa main dans la mienne enfermée.

« Tous les deux parfois, à l'écart,
« Nous effeuillions la marjolaine :
« Ah ! du charme de son regard,
« Ici, mon âme est encor pleine ! »

— « De ton cœur je connais le prix,
Dit l'aîné, mais à ta maîtresse
« Combien de baisers as-tu pris,
« Comme gage de sa tendresse ? »

— « Aucun... cela ferait jaser.
« Suzon dit qu'une fille sage
« Ne donne sa joue à baiser
« Qu'en revenant du mariage.

« Elle dit cela chaque jour,
« Et voilà ce qui me désole... »
— « Grand niais ! fit l'autre, l'amour
« Ne se donne pas ; — on le vole ! »

XIV

LA CHAMBRE CLOSE

———

— « Amour, je n'ai plus de famille
« Qui, de loin, me montre l'écueil :
« De ma chambre de jeune fille
« Tu ne franchiras pas le seuil.
« Ici je ne veux pas de maître,
« Afin de garder le bonheur ;
« Dans un réduit quand il pénètre,
« L'Amour devient maître du cœur. »

3*

Ainsi, dans sa chambrette close,
Parlait, au retour des frimas,
Fraîche comme un bouton de rose,
Jeanne, à vingt ans seule ici-bas.
Comme une fleur en sa corolle,
Six mois, cachée à l'œil trompeur,
Jeanne, fidèle à sa parole,
Garda le calme de son cœur.

L'innocence seule est heureuse !
Un soir, — dans le temps des lilas, —
L'enfant rentra plus soucieuse...
Jeanne, à jamais perdue, hélas !
Devint mère au mois de décembre :
La pauvrette, honte et douleur !
Avait su défendre sa chambre,
Mais n'avait pu fermer son cœur !...

XV.

LA SENTINELLE

À FEU M. EUGÈNE ROUX

Sur la frontière de la France,
Qui pour la lutte se levait,
Brisé par l'âge et la souffrance,
Un vieillard naguère arrivait.

Non loin, sentinelle perdue,
Pressant un fusil dans sa main,

Un enfant presque, une recrue,
Devant lui barra le chemin.

— « Halte-là ! » d'une voix sonore,
Cria-t-il au sombre vieillard,
« Fils du couchant ou de l'aurore,
« Tu ne peux franchir ce rempart. »

— « La consigne qu'on t'a fixée,
« Enfant ! ne me regarde pas :
« Sur la route qui m'est tracée
« Nul ne doit arrêter mes pas.

« D'un pôle à l'autre, en mon voyage,
« Je vais librement, jour et nuit ;
« Partout chez moi, sur nulle plage
« Je n'ai besoin de sauf-conduit. »

— « Vieillard que le Seigneur assiste,
« Dis-moi donc ton nom révéré ;
« Car, depuis vingt ans que j'existe,
« Je ne t'avais pas rencontré. »

— « Mon nom, ainsi que la tempête,
« En tous lieux, enfant, est connu ;
« Mais, sur le seuil où je m'arrête ,
« Nul jamais ne m'a retenu.

« Je me glisse dans la famille
« Sous le voile du déshonneur ;
« Je m'adresse à la jeune fille
« Par la voix de son séducteur.

« Avec le meurtre et l'incendie
« Je pénètre dans les cités ;
« La misère, la maladie
« Marchent toujours à mes côtés.

« Dans une sanglante bataille
« J'apparais chez les nations ;
« Je suis la guerre ! la mitraille !
« Le cri des révolutions !

« Grêle est mon nom à la campagne ;
« Sur la berge : Crue ! Ouragan !

« Avalanche ! sur la montagne ;
« Et Naufrage ! sur l'Océan !... »

— « Sombre messager des tristesses !
« Passant maudit ! hôte sans foi !
« Vieillard néfaste, qui ne laisses
« Que ruines derrière toi,

« De quelque perfidie insigne
« Tu dois être le champion ;
« Retire-toi : c'est ma consigne ;
« Arrière, te dis-je, espion !... »

— « Sort cruel !... Le destin l'ordonne,
« Tu me connaîtras désormais ;
« A qui me maudit je pardonne,
« Mais à qui m'insulte jamais ! »

Soudain une balle ennemie
De la sentinelle, en son vol,
En sifflant vint trancher la vie ...
Le soldat roula sur le sol.

— « Passe ! car je ne puis t'atteindre,
Dit le mourant avec douleur ;
« Je n'ai maintenant plus à craindre,
« Apprends-moi ton nom ?...» — « Le Malheur ! »

XVI.

LA CHAMBRE D'AMOUR

A MADAME LAZARE BONNET

Non loin de Biarritz, au bord de l'Océan,
Une grotte au regard offre son seuil béant.
La colère des flots en a sculpté la porte !
Tribut, qu'en s'élevant, l'onde irritée apporte,
Le sable, molle couche où s'endort le nocher,
Dans le fond du caveau, recouvre le rocher.

Aussi, dans ce refuge éloigné de la foule,
— Jusqu'à la goutte d'eau qui lentement s'écoule,
Simulant dans la nuit de longs chuchotements, —
Tout fait de cet asile un lieu cher aux amants.
Mais, comme les sanglots d'un ami qui les pleure,
Lorsque de la marée au loin a sonné l'heure,
Malheur au jeune couple y retardant leurs pas,
Car cette heure pour eux est l'heure du trépas !

C'est là que, réunis, deux enfants de la grève,
Un soir, de leur bonheur virent fuir le doux rêve...

Lui — George était son nom — comptait au plus vingt ans ;
Thérèse, elle, atteignait son seizième printemps.
De la côte hardis pêcheurs, dès leur enfance,
Leurs pères les avaient fiancés par avance.
Quand du labeur était accompli le devoir,
Les deux enfants avaient coutume de se voir,
Et, pour eux, approchait le moment où l'apôtre
Allait devant l'autel les unir l'un à l'autre.

Songes qui précédez le bonheur des époux,

Quel indicible attrait vous répandez en nous!
En ces jours fortunés, hormis la douce image
Nos yeux ne voient plus rien ... ainsi, sur le rivage,
Les deux enfants marchaient en se parlant tout bas;
Le sable amollissait le chemin sous leurs pas.
Par la brume, le ciel, couvert d'un sombre voile,
A leurs regards encor s'étendait sans étoile :
Qu'importe? Dans leurs cœurs, dans leurs cœurs amoureux,
Le ciel n'était-il pas sur la terre pour eux? ...

La cloche du hameau, lentement balancée,
Vibra trois fois dans l'air... La paupière baissée,
Thérèse s'inclina ... — « C'est elle qui, demain,
Dit Georges, sonnera le jour de notre hymen! »

Comme par le bonheur si leur âme oppressée
N'avait pu supporter le poids de leur pensée,
A la pâle lueur des derniers feux du soir,
Dans un creux de la grotte ils allèrent s'asseoir.
Là, dans le rêve pur d'un espoir sans mélange,
Et la main dans la main, ils refirent l'échange

D'un serment prononcé bien souvent par leurs voix,
Et qu'ils croyaient ouïr pour la première fois.

Le tintement pieux s'éteignit dans la nue ;
La grève bruissait ; la nuit était venue.

— « J'ai peur ! » dit tout-à-coup Thérèse avec effroi.
— « Enfant ! ne suis-je pas, dit George, auprès de toi ? »

En ce moment au loin retentit un bruit sombre.

— « Et toi, dit-elle alors, n'as-tu pas peur de l'ombre ? »
— « L'ombre n'est plus pour moi, dit Georges... ton amour
« Pour jamais dans mon âme a fait lever le jour ! »

Le bruit vint de nouveau résonner dans la grotte.
Georges dit : — « C'est le cri des goëlands de la côte. »

A cette heure, et tandis qu'ici le flot revient,
Enfants ! sur ce rocher quel charme vous retient ?

Quelle voix, dans ses chants et de joie et de fête,
A votre oreille éteint l'appel de la tempête ?
Quel son, quelle harmonie et quel divin accord
De la mer en courroux dominant le transport,
Etouffe ainsi pour vous le murmure des lames,
Si ce n'est pas la voix qui chante dans vos âmes !...

Tout-à-coup, ô terreur ! épouvantable bruit !
Une vague à leurs pieds se brisa dans la nuit !
— « La marée ! » exclama Thérèse menacée.
Dans les bras aussitôt prenant sa fiancée,
George au devant des flots s'élance... Vain effort !
De la grotte déjà la mer défend le bord ;
Il recule, espérant sur un roc de la grève
Défier, à l'abri, l'Océan qui s'élève...
L'onde le suit... Contre elle il revient de nouveau,
Mais la vague l'entraine ainsi que son fardeau.
Le flot en un moment va partout se répandre.
Dans l'antre un double cri bientôt se fit entendre,
Puis tout se tut... Sur l'eau reflétant son rayon,
La lune se leva, tranquille, à l'horizon.....

.   .   .   .

.   .   .   .

Le lendemain on vit, flottants sur la falaise,
Les corps inanimés de George et de Thérèse...
Leurs visages avaient la pâleur des tombeaux.
Mais, comme pour sourire à des printemps nouveaux,
Leurs bouches s'entrouvraient ainsi que des corolles,
Et leur lèvres semblaient murmurer des paroles :
Le doux serment d'aimer jusqu'à l'éternité,
Et dont la mort faisait une réalité !
Une dernière fois, en l'épelant sur l'onde
Sans doute ils avaient dû, tous deux, quitter ce monde;
Et, comme pour franchir ensemble le chemin,
Les enfants se tenaient encore par la main !...
Près du rocher fatal leur tombe fut ouverte.
Un myrte y fait fleurir sa branche toujours verte ;
Et, témoin du serment tenu, depuis ce jour,
La grotte fut nommée alors : *Chambre d'Amour !*

LA JEUNE VEUVE

———

— « T'écouter serait un parjure,
« Amour, ta voix est une injure :
« De ma demeure éloigne-toi ;
« Au passé je garde ma foi. »

— « Même en cette épreuve cruelle,
« A moi tu songeras, la belle !
« Je suis ton penser le plus doux :
« Le souvenir de ton époux ! »

XVIII.

LES DEUX AMIS

— « Du sort fatal de ta maîtresse,
« Ami, songe à te consoler :
« Trêve aux regrets, à la tristesse,
« En amour il faut convoler. »

— « De celle que Dieu m'a ravie,
« Aux anges pour la réunir.

4

« Mes jours durant, toute ma vie,
« Je garderai le souvenir. »

— « Au chagrin l'homme est infidèle :
« Sur cette terre, va, crois-moi,
« L'affection se renouvelle
« Et l'oubli même est une loi. »

— « Pour parler ainsi, sur mon âme !
« Ton cœur fut-il souvent épris,
« Et des tendresses d'une femme
« As-tu jamais connu le prix ? »

— « Non, pour moi l'amour est sans charmes... »
— « Alors, dit l'autre en résumé,
« Tu ne sais ce que sont les larmes
« Puisque tu n'as jamais aimé. »

IL NE FAUT PAS RIRE

———

Marcel, qui va quêtant son pain,
Avait des fermiers tributaires:
Pour aider un pauvre voisin
Marcel a dû vendre ses terres.
Au moindre malheur d'un neveu
Son âme encore se déchire. .

Ah ! lorsque le cœur est en jeu,
Mes amis ! il ne faut pas rire.

L'an passé, Jean à Jeanneton
Promit une amour infinie :
Six mois après à Margoton
L'ingrat avait donné sa vie.
Depuis ce jour, sous le ciel bleu,
Jeannette, hélas ! court en délire...
Ah ! lorsque le cœur est en jeu,
Mes amis ! il ne faut pas rire.

A la dernière invasion,
Martial, pour venger son frère,
Devançant la conscription,
A dix-sept ans, part pour la guerre.
Devant Châteaudun, sous le feu,
En brave, en héros il expire...
Ah ! lorsque le cœur est en jeu,
Mes amis ! il ne faut pas rire.

XX.

MARION

Près de l'Amour qui sommeillait,
Sans avoir su le reconnaître,
Un jour, Marion s'éveillait,
Disant : — « L'Amour, où peut-il être ? »

Le dieu des tendres voluptés,
Ouvrant alors sa bouche rose,

Dit : — « Tu le vois, à tes côtés ,
« A tes côtés où je repose.

« Puisque tu ne reconnais pas
« Sous ton toit quand l'Amour habite,
« Je vais ailleurs porter mes pas :
« Adieu, Marion ; je te quitte.

— « Ah ! demeure encore... ta voix,
Dit la jeune femme, m'enivre :
« Sans toi, maintenant je le vois,
« Ici bas, je ne pourrais vivre. »

— « Subis, reprit l'enfant mignard,
« La commune déconvenue :
« Bien souvent c'est à mon départ
« Qu'on s'aperçoit de ma venue ! »

XXI.

LA BOHÉMIENNE

———

MUSIQUE DE M. A. SURLEAU

———

Sur le chemin, qui la trouva
Mendiant, un jour de dimanche,
L'humble bohémienne s'en va,
Comme l'oiseau, de branche en branche.
Ayant vu beaucoup de pays,
— Chaque contrée étant la sienne, —

Croyez qu'elle a beaucoup appris,
La bohémienne.

Lisant dans les yeux, dans la main,
Des mots que nul autre n'observe,
Elle vous dira le destin
Qu'à vous tous l'avenir réserve.
Savante dans l'art de charmer,
Pour la juive et pour la chrétienne
Elle a le don de faire aimer,
La bohémienne.

Bien malin qui la trompera !
Des cœurs méchants et sacrilèges,
La nuit, elle vous apprendra
A déjouer les sortiléges.
Pas de chagrin, pas de douleur
Que sa science ne prévienne :
Elle détourne le malheur,
La bohémienne.

Enfants ! ne la repoussez pas
Du seuil béni de votre porte ,

Celle que le sort, ici-bas,
Chasse comme une feuille morte !
Fille des bois et du ciel bleu ,
Elle est — ah ! qu'il vous en souvienne, —
Une créature de Dieu ,
    La bohémienne !

4*

XXII.

LA QUÉTE DE L'AMOUR

—

A MADAME BAUMANN-AGUILLON

———

L'hiver dernier, pour notre terre,
L'Amour joyeux quittait Cythère ;
Mais, tremblant sous sa nudité,
Pour résister à la tempête
Le dieu malin se mit en tête
De demander la charité.

Vers une beauté, jeune encore,
Il s'avance, disant : — « J'implore
« Une aumône pour me vêtir. »
Eludant la plainte importune,
La coquette dit : — « Ma fortune
« Ne suffit plus pour m'embellir. »

— « Puisque tu n'as pas la richesse,
« Gage du cœur, qu'une caresse
« Soit ta charité ! » dit l'enfant.
Mais la prude fit : — « A ma lèvre
« Je crains d'allumer une fièvre
« Que la bienséance défend. »

— « Eh bien, ô beauté virginale !
« Donne-moi la fleur qui s'étale
« Sur ton corsage de satin.
« Tu n'en resteras pas moins chaste. »
— « La rose, dit l'autre, contraste
« Avec la neige de mon sein ! »

— « O femme ! alors daigne sourire ...
« Des biens auxquels le pauvre aspire

« Le sourire est le plus léger. »
— « Eh ! eh ! reprit l'enchanteresse,
« Un sourire est une promesse,
« Et je ne veux pas m'engager ! »

— « A mon infortune pardonne !
« D'une larme fais-moi l'aumône ;
« Elle est le trésor des amours. »
— « Oui, dit la belle, mais les larmes
« Du visage fanent les charmes
« Et je voudrais plaire toujours ! »

— « Digne fille de Célimène,
« Je te reconnais, inhumaine !
« La tendresse, ni le malheur,
« Ne te touche, ne t'inquiète :
« J'oubliais, qu'étant si coquette,
« Belle ! tu n'avais pas de cœur ! »

XXIII.

L'ANNEAU

A MADAME HENRI DE COSTA

Sur un chemin, que la rafale
Balayait de ses tourbillons,
Se tenait, un soir, ombre pâle,
Un vieillard couvert de haillons.
Il disait, à l'heure inclémente
Où s'assombrissent les sentiers :

— « Bons passants, loin de la tourmente,
« Que Dieu vous rende à vos foyers !
« Mais afin qu'un jour il vous donne
« La paix qui ne doit point finir,
« Faites une dernière aumône
« Au mendiant qui va mourir. »

Tendant sa main, la voix éteinte,
A la bise il jetait ces mots ;
Mais le vent emportait sa plainte,
Et ses soupirs, et ses sanglots.
Du jour s'éteignait la lumière,
Et, pareils à l'astre qui fuit,
Ceux qui regagnaient leur chaumière
S'effaçaient au loin dans la nuit.
Ah ! de la saison de misère
Tout subirait-il les rigueurs,
Et l'hiver, en glaçant la terre,
Glacerait-il aussi les cœurs ?....

Par là, revenant de la ville,
Une jeune fille passait :
Vers le hameau, d'un pas agile,
Dans les bois, elle cheminait.

Afin de calmer son alarme,
Elle s'approcha du vieillard :
Sa bourse était vide... Une larme
Voila l'éclat de son regard.
Triste, et la paupière baissée,
Elle s'éloignait, quand ses yeux
Sur son anneau de fiancée
S'arrêtèrent, doux et joyeux...

Elle aimait .... L'amour rend si bonne
L'âme accoutumée au devoir !
Soudain, la jeune fille donne
L'humble joyau, gage d'espoir,
Disant : — « Pour que le sort contraire
« Apaise pour vous sa fureur,
« A défaut d'obole, mon père !
« Prenez cet anneau de bonheur.
« L'amour n'a pas besoin de gage
« Pour rester pur : — déshérité,
« Le pauvre, hélas ! sur son passage,
« A besoin de la charité. »

— « Entre toutes tes sœurs en grâces
» Plus belle que l'aube du jour,

« Sois bénie, enfant ! toi qui places
« L'aumône au-dessus de l'amour !
« De ton cœur pour que nul ne doute,
« Reprends ce trésor de ta foi :
« Si le ciel te met sur ma route,
« C'est qu'il aura pitié de moi. »
Et, pour rendre la chère offrande,
Le vieillard, à bout de douleurs,
De l'enfant, au bord de la lande,
Prit la main qu'il baigna de pleurs...

Dans la clairière et la ramille
Le jour avait marqué sa fin :
A pas pressés, la jeune fille
De nouveau poursuit son chemin.
Tout-à-coup, tremblante, éperdue,
L'enfant s'arrête dans les bois ;
Elle a cru voir, la nuit venue,
Un éclair briller sur ses doigts...
C'était, rayonnante rosée,
Une larme du mendiant
Qui, sur l'anneau cristallisée,
S'était changée en diamant !

XXIV.

L'ONDINE

A MADAME H. O....

— « Pâle jeune homme,
« Passe, crois-moi :
« De mon royaume
« Éloigne-toi.

« Ma vue égare
« Mainte raison :
« Fuis cette mare
« Et ce gazon.

« Je suis l'ondine
« Des grands lacs bleus ;
« Mon œil fascine
« Les malheureux ! »

— « Sœur des génies,
« De ta beauté
« Tu calomnies
« La majesté.

« Non, sur mon âme !
« De toi jamais
« Aucune femme
« N'eut les attraits.

« J'aime, limpides,
« Au regard pur,

« Tes yeux humides,
« Tes yeux d'azur ;

« Sur la nature
« Tes bras ouverts ;
« Ta chevelure
« De roseaux verts.

« Le soir, j'adore,
« Quand meurt le jour,
« Ton chant sonore,
« Ton chant d'amour.

« A ta voix douce,
« Comme un soupir,
« Là, dans la mousse,
« Je veux dormir. »

— « Quand ils tourmentent
« Nos ans si courts,
« Les charmes mentent
« Presque toujours.

« Les plus beaux rêves
« De l'avenir
« Entre mes grêves
« Viennent finir.

« Celui qui songe
« Près d'un courant,
« Souvent s'y plonge,
« Désespérant.

« Loin de la dune,
« Plus d'un, hélas !
« Est, à la brune,
« Mort dans mes bras.

« De ton jeune âge,
« Ah ! j'ai pitié :
« Crois le langage
« De l'amitié.

« De mes tendresses,
« Oui, crains le sort ;

« Car mes caresses
« Donnent la mort ! »

— « La mort renferme
« Le vrai bonheur :
« Elle est le terme
« De la douleur.

« On dit, sur terre,
« Que le chagrin
« Dans ton mystère
« Trouve sa fin :

« Et que le somme
« Fait dans tes eaux
« Contient le baume
« De tous les maux. »

— « Erreur profonde !
« Oubli des lois !
« Au fond de l'onde,
« Ce que tu crois,

« La fin paisible
« De ton tourment,
« En est l'horrible
« Commencement :

« Car pour l'impie,
« Dans le trépas,
« Maux de la vie
« Ne cessent pas.

« En verte flamme,
« Durant les nuits,
« Erre son âme...
« Et je m'enfuis,

« Loin des abîmes,
« Pour ne pas voir
« De mes victimes
« Le spectre noir !

« Le ciel te garde
« D'un sort pareil !

« Enfant ! regarde
« Le beau soleil ! . ... »

— « Mon âme est lasse
« De son fardeau :
« Ma seule place
« Est le tombeau !

« Je ne puis faire
« Plus aucun bien :
« Mon cœur, sur terre,
« Ne croit à rien.

« Ainsi, qu'importe ?
« Pour moi, ce soir,
« Ouvre la porte
« Du désespoir ! »

— « Ignominies !
« Qui donc es-tu,
« Toi qui renies
« Toute vertu ? »

— « Sans but, sans route,

« Sans foi ni loi,

« Je suis le Doute. »

— « Alors, suis-moi !... »

TABLE